BEI GRIN MACHT SICH IHR
WISSEN BEZAHLT

- Wir veröffentlichen Ihre Hausarbeit,
  Bachelor- und Masterarbeit

- Ihr eigenes eBook und Buch -
  weltweit in allen wichtigen Shops

- Verdienen Sie an jedem Verkauf

Jetzt bei www.GRIN.com hochladen
und kostenlos publizieren

Marijke Lichte

Die Aufteilung der Hausarbeit, verletzte Erwartungen und Beziehungsqualität

GRIN Verlag

Bibliografische Information der Deutschen Nationalbibliothek:

Die Deutsche Bibliothek verzeichnet diese Publikation in der Deutschen National-
bibliografie; detaillierte bibliografische Daten sind im Internet über http://dnb.d-
nb.de/ abrufbar.

Impressum:

Copyright © 2003 GRIN Verlag GmbH
Druck und Bindung: Books on Demand GmbH, Norderstedt Germany
ISBN: 978-3-640-28205-0

Dieses Buch bei GRIN:

http://www.grin.com/de/e-book/58207/die-aufteilung-der-hausarbeit-verletzte-
erwartungen-und-beziehungsqualitaet

GRIN - Your knowledge has value

Der GRIN Verlag publiziert seit 1998 wissenschaftliche Arbeiten von Studenten, Hochschullehrern und anderen Akademikern als eBook und gedrucktes Buch. Die Verlagswebsite www.grin.com ist die ideale Plattform zur Veröffentlichung von Hausarbeiten, Abschlussarbeiten, wissenschaftlichen Aufsätzen, Dissertationen und Fachbüchern.

Besuchen Sie uns im Internet:

http://www.grin.com/

http://www.facebook.com/grincom

http://www.twitter.com/grin_com

Universität Hannover
Institut für Soziologie
Seminar: Geschlechterverhältnis im Milieuvergleich
Sommersemester 2003
Referentin: Marijke Scholz

Die Aufteilung der Hausarbeit, verletzte Erwartungen und Beziehungsqualität

Schriftliche Ausarbeitung des Referats 09.07.2003

Inhalt

Einleitung

In der schriftlichen Ausarbeitung des Referates vom 09.07.03 zur Verteilung der Hausarbeit in Paarbeziehungen sollen zunächst einmal die vier hierfür verwendeten Analysen vorgestellt werden. Untersuchungsgegenstand bei Rohmann, Schmohr, Bierhoff[1] ist es, zu prüfen, ob ein Zusammenhang zwischen Hausarbeitsverteilung, Erwartungen und Beziehungsqualität besteht. Als Grundlage dient ihnen eine 2002 erschienene Stichprobe, bei der 92 Personen, die in heterosexuellen Gemeinschaften paarweise zusammenlebten, Auskunft gaben.

Künzler[2] hingegen untersucht den für Hausarbeit eingesetzten Zeitaufwand als Belastungsmaßstab in Ehen und nichtehelichen Lebensgemeinschaften. Als Datenbasis verwendet er dazu eine Stichprobe der 12. Welle des sozio-ökonomischen Panels, zu dem 1995 ursprünglich 13.768 Personen befragt wurden.

Anhand einer 2002 erschienenen Stichprobe der Schweizer Familienstudie aus ursprünglich 1.534 Paaren, suchen Levy und Ernst[3] nach Bestimmungsgründen für die Ungleichheit in der Hausarbeitsverteilung und fragen danach, ob Normen egalitärer seien als die Praxis.

Schließlich zeigen Klaus und Steinbach[4] auf der Grundlage einer multinominalen Regressionsanalyse aus den Erhebungswellen 1988 und 1994 Determinanten der innerfamilialen Arbeitsteilung in Partnerschaftsverläufen auf.

Die Autoren beziehen sich im wesentlichen auf die theoretischen Ansätze der Equity-Theorie, des Time-Availability-Modells, der Doing-Gender-Theorie und schließlich der Ressourcentheorie, welche bei Klaus und Steinbach noch um die Austausch- und ökonomische Haushaltstheorie erweitert wird.

Im folgenden sollen die Untersuchungsergebnisse auf Bestätigung oder Unbrauchbarkeit der einzelnen Hypothesen und hinsichtlich der unterschiedlichen Fragestellungen geprüft, und ein abschließendes Fazit daraus gezogen werden.

---

[1] Rohmann, E. u.a. (2002): Aufteilung der Hausarbeit, verletzte Erwartungen und Beziehungsqualität. In: ZfF 2, S. 133 - 152
[2] Künzler, J. (1999): Arbeitsteilung in Ehen und Nichtehelichen Lebensgemeinschaften. In: Klein, Th. / Lauterbach, W. (Hg): Nichteheliche Lebensgemeinschaften. Analysen zum Wandel partnerschaftlicher Lebensformen. Opladen. S. 232 – 268
[3] Levy, R. / Ernst, M. (2002): Lebenslauf und Regulation in Paarbeziehungen: Bestimmungsgründe der Ungleichheit familialer Arbeitsteilung. In: ZfF 2, S. 103 – 132
[4] Klaus, D. / Steinbach, A. (2002): Determinanten innerfamilialer Arbeitsteilung. Eine Betrachtung im Längsschnitt. In: ZfF 1, S. 21 – 43

1. Die Equity-Theorie

Die Euity-Theorie basiert Rohmann, Schmohr und Bierhoff[5] zufolge auf dem „Beitragsprinzip der Fairness", wobei ein ausgewogenes Verhältnis zwischen Geleistetem und Erhaltenem wahrgenommen wird. Die Wahrnehmung wird dabei jedoch durch gesellschaftliche Normen beeinflusst (R.,S.,B.: S. 134 f.).

Nach Künzlers[6] Ergebnissen gaben 1994 die befragten Frauen zu 1,9% an, überhaupt keine Hausarbeit zu leisten, wohingegen insgesamt 42,8% der Männer diese Aussage machten. Künzler differenziert die Befragten weiter danach, ob sie verheiratet sind oder in nichtehelichen Lebensgemeinschaften zusammenwohnen. Dabei zeigt sich, dass bei den Unverheirateten der Anteil derjenigen, die keine Hausarbeit leisten mit 20,2% geringer ist, als bei den Verheirateten mit 42,9%. Der prozentuale Anteil, den Männer und Frauen an der Hausarbeit leisten, liegt bei den Ehepaaren bei 71,6% für die Frauen, gegenüber 16% für die Männer. In nichtehelichen Lebensgemeinschaften leisten Frauen zu 52% und Männer zu 27,5% ihren Anteil. Das entspricht insgesamt einem durchschnittlichen Arbeitsaufwand von wöchentlich 23,6 Stunden für die Frauen und 4,5 Stunden für die Männer. Der Anteil der Männer, die mehr als 14 Stunden pro Woche in Hausarbeit investieren, ist in nichtehelichen Lebensgemeinschaften mit 8,4% nur unwesentlich höher als bei den Verheirateten mit 6,1%. Ferner fand Künzler heraus, dass je stärker die Benachteiligung der Frauen 1994 war, desto stärker war sie auch im Jahr 1995 (50 Minuten pro Woche je Standardabweichung). Daraus schließt er, dass Ungleichheit über einen langen Zeitraum hinweg stabil sein könne (vgl. J.K: S. 252 f.).

Levy und Ernst[7] legen als „Grunddimensionen der Interaktionsstruktur in Partnerschaften" zum einen die „Kohäsion" - bezogen auf interne Grenzen durch Autonomie und Fusion der Interaktionspartner und externe Grenzen, durch Öffnung und Abschließung der Paargemeinschaft gegenüber der sozialen Umwelt – und die „Regulation" fest, nach welcher Paare ihre Beziehung und Tätigkeiten organisieren. In der Praxis ist damit die Rollendefinition durch Beziehungs- und Aufgabenzuschreibung gemeint, welche ihrerseits eine Routinisierung durch normativ festgelegte Benutzung von Zeiten und Territorien erfährt. In diesem Zusammenhang erkennen Levy und Ernst ferne eine „Hierarchisierung durch Machtaspekte", die schließlich zur „Organisation der sozialen (Re-) Produktion des Systems" beitrüge (vgl. L., E.: S. 107).

---

[5] Zur Kennzeichnung von Zitaten wie folgt abgekürzt: (R., S., B.)
[6] Zur Kennzeichnung von Zitaten wie folgt abgekürzt: (J.K.)
[7] Zur Kennzeichnung von Zitaten wie folgt abgekürzt: (L., E.)

2. Die Doing-Gender-Theorie

Die multivariate Varianzanalyse mit der unabhängigen Variabel Geschlecht und den abhängigen Variablen „erwartetes und wirkliches Verhalten" ergibt Rohmann, Schmohr und Bierhoff zufolge einen „Geschlechtseffekt" hinsichtlich der Hausarbeitsverteilung. Dieser bleibt auch bei Vollzeitbeschäftigten sichtbar, die mehr als 36 Stunden in der Woche einer Erwerbsarbeit nachgehen (vgl. R., S., B.: S. 141).

Entsprechend ihrer *Institutionalisierungshypothese* finden Klaus und Steinbach[8] heraus, dass mit der Eheschließung die Wahrscheinlichkeit einer Traditionalisierung in der Hausarbeitsverteilung um 50% steigt. Dabei steigt mit der Dauer einer Partnerschaft die Wahrscheinlichkeit eines Traditionalisierungsschubs ebenso, wie sie sinkt. Dies lässt die Autoren auf eine endgültige Festlegung der partnerschaftlichen Arbeitsteilung im Partnerschaftsverlauf schließen (vgl. K., S.: S. 33 ff.).

Künzler fand in seiner Untersuchung einen weiteren Aspekt heraus, den er in die Überprüfung des Doing-Gender-Ansatzes einbringt: Je größer die Familienorientierung eines der Partner (egal ob Mann oder Frau) ist, desto mehr steigt sein Investment in die Hausarbeit. Besonders deutlich wird dies bei den Gruppen der älteren Befragten, bei denen die Frauen zwischen 2 ½ und 1 ½ Wochenstunden Mehrarbeit leisten. Die von der Frauenbewegung beeinflussten jüngeren Gruppen der befragten Frauen geben an, ihr Investment um durchschnittlich bis zu 3 Wochenstunden reduziert zu haben. Auch in der Altersgruppe der Männer, die zwischen 1956 und 1965 geboren sind, ist eine stärkere Tendenz zu mehr substantiell geleisteter Hausarbeit zu beobachten, als in der Gruppe der Älteren (1946-1955). Auffällig ist jedoch, dass die Frauen ihre Angaben um – 1 ¼ Wochenstunden korrigierten, wenn andere Familienmitglieder beim Interview anwesend waren (vgl. J.K.: S. 256 f.).

Hinsichtlich ihrer Hypothese der „sozialen Konstruktion familialer Realität", machen Levy und Ernst die Feststellung, dass sich eine Asymmetrie hinsichtlich der normativen Bestimmung der Hausarbeitsverteilung zeigt, wobei sich männliche Normen selbst bei gleicher Ressourcenausstattung der Partner deutlich stärker durchsetzen. Dies scheint die *Diskriminationshypothese* zu bestätigen, die davon ausgeht, dass die männliche Privilegierungstendenz gesamtgesellschaftlich stärker legitimiert ist, als die weibliche Egalitätstendenz (vgl. L., E.: S. 125 ff.).

---

[8] Zur Kennzeichnung von Zitaten wie folgt abgekürzt: (K., S.)

3. Die Ressourcen-Theorie

3.1. Bildung

Bei der Untersuchung darüber, inwieweit sich Bildung als Ressource auf die Verteilung der Hausarbeit in Paarbeziehungen auswirkt, fand Künzler heraus, dass im - Vergleich zu Realschulabsolventinnen - Frauen ohne Schulabschluss oder mit Hauptschulabschluss durchschnittlich 70 Minuten mehr, Universitäts- oder Fachhochschulabsolventinnen 1 ½ Wochenstunden weniger Hausarbeit pro Woche verrichten. Frauen mit abgeschlossener Berufsausbildung (und solche, deren Partner einen Beruf erlernt hat), verrichten im Durchschnitt 90 (bzw. 70) Minuten pro Woche weniger Hausarbeit, als Frauen ohne Berufsausbildung (vgl. J.K.: S. 256). Bezüglich der gleichen Fragestellung erwarten Levy und Ernst, dass exogene Impulse in Form der Statusvariablen Bildungsniveau, Berufsposition und Einkommen die Rollenstruktur innerfamilialer Machtverhältnisse beeinflussen. Diese ressourcentheoretische Hypothese erfährt eine bedingte Bestätigung dadurch, dass Bildung als bedeutungsvollste Statusdimension die Ungleichheit in der Hausarbeitsverteilung reduziert (bei Frauen mit hoher Bildung) und verstärkt (bei Männern mit hoher Bildung) (vgl. L., E.: S. 115 f.).

3.2. Einkommen

Hinsichtlich des Einkommens fand Künzler heraus, dass mit zunehmendem Einkommen und demzufolge sinkender finanzieller Abhängigkeit, sich die Hausarbeitszeit für Frauen um durchschnittlich 2 ½ Wochenstunden verringert. Bei vormals starker finanzieller Abhängigkeit und späterer Einkommenszunahme ist die Reduktion der Hausarbeitszeit vergleichsweise stärker, als bei vormals schwacher oder keiner Abhängigkeit. Für die Männer erhöht sich das „Risiko", mehr als nur symbolische Beiträge zu leisten um 34,7% bei steigender weiblicher Unabhängigkeit. Bei Männern mit abgeschlossener Berufsausbildung liegt es um 33,9% höher, als bei den Ungelernten (vgl. J.K.: S. 250 f.). Levy und Ernst konstatieren wie Künzler der weiblichen Erwerbsbeteiligung einen signifikanten Einfluss auf die innerfamiliale Arbeitsteilung, heben jedoch hervor, dass dieser Einfluss durch die ausschlaggebende Bedeutung der Familienphasen absorbiert wird (vgl. L., E.: S. 127 f.).

4. Die Austauschtheorie

Klaus und Steinbach erweitern die Ressourcentheorie um die Erklärungsmodelle der „Austauschtheorie" und der „ökonomischen Haushaltstheorie". Dieses ebenfalls ressourcentheoretische Erklärungsmodell beruht aus Heers (1963) *Prinzip des geringsten Interesses*. Demnach entspricht die Dauer der Partnerschaft dem Verhältnis zwischen den Kosten durch Beendigung und dem Nutzen durch das Aufrechterhalten der Beziehung im Vergleich zu den Alternativen. Ist beispielsweise im Konfliktfall der eine Partner aufgrund seiner Ressourcenausstattung in einer schlechteren Verhandlungsposition als der andere, bieten sich ihm ungünstige Alternativen und er wird ein stärkeres Interesse haben, an der Beziehung festzuhalten. Folglich wird er sein Verhalten dahingehend verändern, dass eine positivere Nutzensbilanz für seinen Partner besteht. Sozioökonomische Ressourcen fungieren als „Tauschwaren", welche die individuelle Macht- und Verhandlungsposition beeinflussen. Der steigende Institutionalisierungsgrad der Partnerschaft durch Eheschließung und insbesondere die Anwesenheit von Kindern schmälert die Attraktivität von Alternativen, da bei einer Trennung rechtliche und soziale Kosten in hohem Umfang entstehen. Dabei wird die weibliche Verhandlungsposition zugleich gestärkt (bei zunehmender Kinderzahl und je jüngerem Kindesalter sinkt das Risiko verlassen zu werden) und geschwächt (durch vorübergehende Aufgabe der Erwerbstätigkeit, Reduktion außerhäuslicher Ressourcen und geringeren Chancen beim beruflichen Wiedereinstieg steigt das Interesse am Fortbestand der Beziehung). Prinzipiell sei eine Partnerschaft jedoch auf Dauer angelegt, wobei die Norm der Reziprozität allerdings zeitverzögert realisiert werden könne (vgl. K., S.: S. 23 f.).

5. Die ökonomische Haushaltstheorie

Die *ökonomische Haushaltstheorie* sieht den Haushalt als Einheit, in welcher die Maximierung des individuellen Nutzens der Beziehungspartner der Maximierung des Gesamtnutzens des Haushalts entspricht. Ott – auf dessen „Bargaining-Modell" die Ökonomische Haushaltstheorie basiert – vermutet jedoch primär eine hedonistische Interessensverfolgung in der Praxis.
Die Organisation innerfamilialer Arbeitsteilung beruht auf dem „Zeitallokations- und dem Humankapitalkonzept", wobei entschieden wird, wie viel Zeit die Partner jeweils in Erwerbstätigkeit und Hausarbeit investieren. Die Spezialisierung auf eine der beiden Bereiche ruft langfristig eine Asymmetrie in der individuellen Ressourcenausstattung und somit der Verfügbarkeit von Alternativen hervor (vgl. ebd., S. 25f.).

6. Die Time-Availability-Theorie

6.1. Kinder

Die von Levy und Ernst an die Anpassungshypothese geknüpften Erwartungen zielen darauf ab, dass exogene Impulse aus der institutionellen Umwelt in Paarbeziehungen eine Options- und Zwangsstruktur schaffen. Bei ihrer Untersuchung ergibt sich ein hoher Stellenwert der Familienphasen, innerhalb derer die ungleichgewichtige Inanspruchnahme der Eltern seitens der Kinder variiert. Als institutionelles „Doing-Gender" kennzeichnen die Familienphasen die strukturelle Umwelt, in welcher sich Paare und Familien für eine traditionelle Ausrichtung entscheiden. Die geschlechtsspezifischen Prioritäten polarisieren sich tendenziell in männliche Erwerbstätigkeit und weibliche familiale Bedürfnisse. Die Ungleichheit in der Hausarbeitsverteilung steigt mit der Geburt des ersten Kindes, wächst bis zur „Empty-Nest-Phase" und nimmt danach wieder ab, ohne jedoch für die Frauen auf das ursprüngliche Niveau abzusinken. Der Einfluss der Familienphasen verschwindet allerdings hinter dem der Erwerbsbeteiligung, welcher seinerseits durch die Familienphasen bedingt ist. Die normative Einstellung der Männer bezüglich weiblicher Erwerbsbeteiligung (wenn schulpflichtige Kinder im Haushalt leben) verstärkt Ungleichheit, wenn sie negativ ist und schwächt sie umgekehrt bei positiver Einstellung. Die diesbezügliche Meinung der Frauen bleibt empirisch ohne Einfluss (vgl. L., E.: S. 120 ff.).

Mit der Geburt eines Kindes findet – wie Klaus und Steinbach feststellen - ein irreversibler Traditionalisierungsschub statt, welcher beim Erstkind keinen stärkeren Effekt aufweist als bei den folgenden Kindern. Der Auszug älterer Kinder aus dem Haushalt bedeutet im Umkehrschluss jedoch keinen De-Traditionalisierungsschub und bei unveränderter Kinderzahl bleibt das eingespielte Arbeitsteilungsmuster konstant. Dass bei zunehmendem Alter des jüngsten Kindes ein De-Traditionalisierungsschub erfolgt, bleibt ebenfalls empirisch ungestützt (vgl. K., S.: S. 34 f.).

Künzlers Ergebnissen zufolge, verursachen Kinder Frauen Mehrarbeit, wobei das Geschlecht unerheblich ist. Kindergartenkinder und ältere Kinder schlagen mit zusätzlichen zwei Wochenstunden zu Buche, während Klein- und Grundschulkinder vier Wochenstunden Zusatzarbeit für Mütter bewirken. Kindergartenkinder steigern das Risiko der Männer, mehr als symbolische Beiträge zur Hausarbeit zu leisten, um 64,2% (vgl. J.K.: S. 255).

6.2. Erwerbstätigkeit

Pro zusätzlicher Stunde, die Frauen in Erwerbstätigkeit oder Ausbildung investieren, reduziert sich ihre Hausarbeitszeit um 15 Minuten, wobei das Risiko für ihre Partner, sich substanziell an der Hausarbeit zu beteiligen, um 2,6% steigt. Mit jeder Stunde, die Männer zusätzliche in Erwerbstätigkeit oder Ausbildung investieren, reduziert sich ihr Risiko um 2,4% (vgl. ebd, S. 257).

6.3. Gesundheit

Eine eigene leichte gesundheitliche Beeinträchtigung bringt für Frauen durchschnittlich eine zusätzliche Wochenstunde Hausarbeit mit sich, während sie das männliche Risiko substanzieller Beteiligung um 22,9% erhöht. Gesundheitliche Probleme anderer Familienmitglieder zeigen empirisch keine Auswirkung auf beide Geschlechter (vgl. ebd, S. 255, 257).

6.4. Wohneigentum

Eine Eigentumswohnung, ein Haus oder der Besitz eines Gartens bringt für Frauen keine Mehrarbeit mit sich. Die Neigung der Männer, (weiblich konnotierte) Hausarbeit zu leisten, sinkt dadurch allerdings um 41,2%. Männliche und weibliche Haushaltsbeiträge sind wechselseitig unabhängig, es existieren keine empirischen Belege für die Existenz eines „Nullsummenspiels"[9] (vgl. ebd, S. 57).

---

[9] Künzler meint hiermit die populäre These, nach der keine Hausarbeit „liegen bliebe", da einer der Partner sie letztendlich beseitigen würde.

Fazit

Bezogen auf die Frage nach dem unterschiedlichen Zeitaufwand, den Frauen und Männer in Hausarbeit investieren, hat Künzlers Analyse keine neuen Erkenntnisse ergeben: Die Hausarbeitszeit der Frauen lässt sich nach wie vor durch die klassische Ressourcen- und Time-Availability-Theorie erklären. Was die Männer betrifft, so hat sich ebenfalls kein Durchbruch bei der Erklärung ihrer Beiträge ergeben. Insbesondere dann, wenn die Time-Availability-Theorie um die Effekte der Equity-, Ressourcen- und andere Rational-Choice-Modelle erweitert wird, verschwindet sogar der Unterschied zwischen Ehemännern und Kohabitierenden. Hier machen ausschließlich die ostdeutschen Männer eine Ausnahme, deren Risiko sich mit mindestens sieben Wochenstunden zu beteiligen um 75% höher liegt, als das ihrer westdeutschen Geschlechtsgenossen in nichtehelichen Lebensgemeinschaften (vgl. J.K.: S. 254). Die empirischen Befunde von Klaus und Steinbach belegen die Monopolstellung des traditionalen Modells der Hausarbeitsteilung. Obwohl zwischen der Erhebung von 1988 und der von 1994 eine Verschiebung von 21% in Richtung des nicht-traditionalen Pols zu verzeichnen ist, erscheint der Anteil der Befragten am traditionalen Modell - mit einer Abnahme von 3% in sechs Jahren – stabil (vgl. K., S.: S. 31). Abschließend fanden Rohmann, Schmohr und Bierhoff heraus, dass Frauen davon ausgingen, mehr Hausarbeit zu erledigen als ihre Partner und tatsächlich noch mehr verrichteten als sie anfangs erwartet hatten. Die Männer hingegen erwarteten, weniger Hausarbeit zu erledigen als ihre Partnerinnen und verrichteten tatsächlich noch weniger als sie gedacht hatten. Geschlechtsstereotypes Verhalten wird demnach erwartet und gezeigt. Eine Ungleichverteilung der Hausarbeitsbeiträge senkt die Zufriedenheit mit der Beziehungsqualität und verursacht mehr erlebten Ärger. Erwartungsverletzungen haben hingegen keinerlei Auswirkungen. Sie werden vermutlich durch kognitive Strategien bewältigt, wobei selektive soziale Vergleiche (z.B. mit der Nachbarin) die Wahrnehmung der eigenen Position relativieren kann. Ebenso kann eine Umbewertung des Sinngehalts der Hausarbeit bewirken, dass Mehrarbeit z.B. als Ausdruck von Liebe und Fürsorge interpretiert und Nachsicht geübt wird (vgl. R., S., B.: S. 150).

Literatur

❖ Klaus, D. / Steinbach, A. (2002): Determinanten innerfamilialer Arbeitsteilung. Eine Betrachtung im Längsschnitt. In: ZfF 1, S. 21 – 43

❖ Künzler, J. (1999): Arbeitsteilung in Ehen und Nichtehelichen Lebensgemeinschaften In: Klein, Th. / Lauterbach, W. (Hg): Nichteheliche Lebensgemeinschaften. Analysen zum Wandel partnerschaftlicher Lebensformen. Opladen. S. 232 – 268

❖ Levy, R. / Ernst, M. (2002): Lebenslauf und Regulation in Paarbeziehungen: Bestimmungsgründe der Ungleichheit familialer Arbeitsteilung. In: ZfF 2, S. 103 – 132

❖ Rohmann, E. u.a. (2002): Aufteilung der Hausarbeit, verletzte Erwartungen und Beziehungsqualität. In: ZfF 2, S. 133 - 152

Hannover, den _____   Unterschrift _____

Nachtrag
(von anekdotischem Charakter)

Die „eierlegende Wollmilchsau"

Ausgehend von der Grundannahme bei Blood und Wolfe (1960), dass Hausarbeit generell als lästig empfunden wird und die individuelle Ressourcenausstattung für jeden Beziehungspartner die Basis bildet um seinen Eigenanteil möglichst gering zu halten, bieten sich für die zukünftige Partnersuche folgende Empfehlungen an:

Frauen sollten permanent berufstätig und akademisch gebildet sein und kinderlos mit einem möglichst jungen geschiedenen, ostdeutschen Mann mit hoher Bildung, der gesundheitlich leicht beeinträchtigt ist, in einer nichtehelichen Gemeinschaft zusammenleben.

Männer hingegen sollten zeitig eine westdeutsche Frau in fortgeschrittenem Alter heiraten, die idealerweise weder über einen Schulabschluss, noch über eine Berufsausbildung verfügt, und dafür sorgen, dass immer genügend Kleinkinder im Haus sind, welche aber keinesfalls in den Kindergarten geschickt werden dürfen.